1781

Von Walter Helmut Fritz erschienen

Achtsam sein
Gedichte, 1956

Bild und Zeichen
Gedichte, 1958

Veränderte Jahre
Gedichte, 1963

Umwege
Erzählungen, 1964

Zwischenbemerkungen
Prosa, 1964

Abweichung
Roman, 1965

Die Zuverlässigkeit der Unruhe
Gedichte, 1966

Bemerkungen zu einer Gegend
Prosa, 1969

Die Verwechslung
Roman, 1970

Aus der Nähe
Gedichte, 1972

Die Beschaffenheit solcher Tage
Roman, 1972

Bevor uns Hören und Sehen vergeht
Roman, 1975

Schwierige Überfahrt
Gedichte, 1976

Sehnsucht
Gedichte und Prosagedichte, 1978

Gesammelte Gedichte
1979

Wunschtraum Alptraum
Gedichte und Prosagedichte, 1981

Hörspiele, Essays
Übertragungen aus dem Französischen
(Bosquet, Follain, Jaccottet, Ménard, Vigée)

Walter Helmut Fritz

WERKZEUGE DER FREIHEIT

Gedichte

Hoffmann und Campe

CIP-Kurztitelaufnahme der Deutschen Bibliothek

Fritz, Walter Helmut:
Werkzeuge der Freiheit : Gedichte / Walter Helmut
Fritz. – 1. Aufl. – Hamburg : Hoffmann und Campe, 1983.
ISBN 3-455-02264-2

Schutzumschlag und Einband: Werner Rebhuhn
Gesetzt aus der Garamond
Satzherstellung: Fotosatz Otto Gutfreund, Darmstadt
Druck- und Bindearbeiten: Ebner Ulm
Printed in Germany

Damit unsere Besserwisserei aufhört

Aber dann?

Das Gedicht steht
in dem Buch?
Schlag auf, lies.
Gut, es hält
einen Augenblick still.
Aber dann?
Siehst du nicht,
wie es sich rührt,
die Seite verläßt,
schwebt, fliegt
und allmählich
unsichtbar wird,
ehe es sich
in dir niederläßt?

Eben geht er draußen vorbei

Hundertmal die Linien der Woge,
die Linien des Berges hundertmal.
Hundertmal in einem anderen Haus:
der Berg, die Woge, die Woge, der Berg.
Zwanzigmal den Namen gewechselt.
Endlich bleibt einer: Hokusai.
Eben sehn wir sein halbes Gesicht,
eben geht er draußen vorbei.

Wasser

Aus Wasserstoff, Sauerstoff
unsichtbar beides

wird Wasser

schön
lebhaft
mitteilsam

Regen mit seiner Ausdauer
Bach mit seinem Gespräch
See mit seiner Geschichte
Meer mit seinen Gezeiten

Spielzeuge des Winds.

Stille

Plötzlich überkommt den Wal
– müde von seinen Balletten –
die Lust, zu einem Stück grauen Fels
auf der Insel zu werden,
der er sich nähert.

Für Stunden ist sein spindelförmiger
Körper mit Flossen und
auf der Stirn liegenden Nasenöffnungen
also nichts als ein Stück grauer Fels,
von glühender Sonne beschienen.

Endlich nicht das Trillern,
Klirren, Knirschen, Grunzen, Knarren,
die Schreie der andern,
sondern endlich Stille

Stille

Gegen Abend kehrt er
– froh, seiner Natur für eine Weile
entronnen zu sein –
zurück in das Universum von Tönen
und Bewegungen seiner Artgenossen.

Eine solche Frage

Das offene Feuer,
wie es sich ausruhte
in der Nähe von Menschen.

Bei Läufen und Tänzen,
Hochzeit und Leichenbegängnis
die Fackel.

Der Kienspan, Petroleum,
die Kerze, das Glühlicht.
Geschichte der Elektrizität.

Hat die Helligkeit zugenommen
seither? Eine solche Frage
stellt man doch nicht.

Im Vorbeigehen gehört

Auch Gott kann sich
kaum entscheiden
und weiß nichts
im voraus,
sagt eben ein Blinder
zu einer Frau,
ehe er sich umwendet
und in eine Straße einbiegt,
der die Stadtverwaltung
den Namen Zeitvogel gab.

Was die Wohnung erfindet

Wenn die Wohnung verlassen ist,
hält sie das nicht lange aus.
Sie erfindet deshalb einen Mann,
der darin untertaucht

oder eine Frau, die einem
Zeitvertreib nachgeht,
sich etwas vorspiegelt,
was sie nicht mehr glaubt

oder einen Mann und eine Frau
mit ihrem Begehren,
die außer sich geraten
und sich beruhigen in einem

oder einen Mann und eine Frau
und ein Kind, das Angst hat
vor dem Donner, weil es ihn
für seinen Vater hält.

Nicht nur bei Goya

Irre, Gespenster
huschen vorbei
in einem Inferno
von Giftmischerei.

Vernunft mit Wahnsinn
vermischt, Doppelnatur
des Menschen, unruhig,
flackernd seine Figur.

Marternde, Opfer,
Schreckenswelt, riesengroß.
Schließen wir nicht die Augen,
bleiben wir fassungslos.

Länger als wir gefürchtet

Nicht nur in Hamelns Straßen
hört man noch immer das Stöhnen
unter dem Pflaster, hinter den Mauern,
hört man noch immer das Höhnen
dessen, der seine Menschenverachtung
leicht nur getarnt hat, länger
als wir gefürchtet bleibt uns
die Fratze, der Rattenfänger.

Erinnerung

Eine Traumstimme,
die die Neigung hatte,
Rätsel einzupflanzen
und mich einlud
in ein Schneegebirge,
in dem sich nicht einmal
der Wind rührte
und ich selbst
zu keinem Wort fähig war,
sagte mir bereits früh,
ohne daß ich sie
damals verstand:
Walter, mach Fehler.

Sieben Zeilen für die Gletscher dort oben

Sie leben, sie leben.
Gletscher, langsame Sätze,
die sich talwärts bewegen.
Auch sie bewahren
ihr Teil auf
für die unerhörten
Archive der Berge.

Man geht einfach so weiter

Trockene Wintertage.
Von Irrtum zu Irrtum der Weg.
Leuchtende Kiesel.
Stirbt man nicht oft,
ohne darüber zu staunen?
Man geht einfach so weiter.

Damit unsere Worte nicht erblinden

Daß Karlsruhe für ein Jahr
ein Schiff ist

Flammen zu einem Abenteuer
des Stoffs werden

Homer unter seiner Unsterblichkeit
zu stöhnen beginnt

der Tod zutraulich
von seinen Launen erzählt

Eisenkraut verschwenderisch
auch unterirdisch blüht

der Mensch ohne Umschweife
zu einem Musikinstrument wird

das alles muß möglich sein,
damit unsere Besserwisserei aufhört

damit unsere Worte
nicht erblinden.

Reise

Fünf Monde, überdrüssig
ihrer gewohnten Bahn,
taten sich zusammen
und begannen eine Reise
aus der Gravitation
ins Innere dessen,
der ihnen zuschaute.

Sie alle lesen

Der Abend, der sich
auf unsere Gesichter legt

der Frieden der Wolken
und der rund geschliffene Kiesel

die ersten Blüten,
wenn der Schnee vorbei ist

die Kinder,
die nach Hause zurückkehren
vom Blinde-Kuh-Spiel

der Mann und die Frau,
deren Liebe die Jahre zusammenhält

Hiob, mit dem wir alle
verwandt sind

die Erinnerungen,
die hinter uns leuchten

die Zeit, die uns
von ihrer Residenz aus betrachtet –

sie alle lesen,
lesen sich gegenseitig

lesen während sie wachen,
lesen noch unabgelenkter
in ihrem Schlaf.

Das Dach überm Kopf

Immer auf der Suche
nach dem Dach überm Kopf
– ein Eingang, eine Treppe,
einige Räume –
aber gibt es das?
Vielleicht gibt es das nicht,
vielleicht gibt es tatsächlich
nur das Dach unserer Träume.

Unlösbar

Wie einfach,
auf etwas zu hoffen.

Wie einfach,
etwas zu fürchten.

Was aber tun,
wenn man fürchtet,
was man erhofft?

Aufforderung

Bei meinem ersten Aufenthalt
in der Wüste
kamen Gärten
mit Blütenmeeren,
Regengüssen,
Geheimnissen der Vegetation zu mir.

Nichts konnte ihnen antworten.

Hole was du brauchst
aus der Luft, hörte ich,
ergreife den Augenblick im Flug.

In den Nerven begann das Licht.

Das ist seine Art

Hier ruhen kalte Knochen
verlassen von der Zeit
steht auf dem Grabstein.
Bekommt das Licht,
das ihn umgibt,
für einen Augenblick
Schultern und Hände?
Alles hört auf,
sich zu bewegen,
das ist seine Art,
und das Wort
weicht aus dem Körper.

Mit der Lebendigkeit von Insekten

Der Stein träumt davon,
eine Wolke zu sein.
Ein Stein zu sein,
träumt die Wolke.
Jetzt begegnen sich
beide Träume,
lassen sich nieder
auf der Kiefer dort
und sind bald
– mit der Lebendigkeit
von Insekten –
in ihre Zwiesprache vertieft.

Ist das auch sicher?

Als sie sich trennten,
weil sie verreiste,
winkte er ihr.

Er winkte ihr
– vier Tage vergingen –
bis sie zurückkam.

Wo findest du deine Sätze?

In Schlangengruben,
Rösselsprüngen,
Zerreißproben

in dem Boot,
das eben im Wasser versinkt

zwischen den Reimen,
die es auch in der Architektur gibt

in einem Kometen,
der auftaucht und wieder entschwindet

auf Reisen durchs Labyrinth

in den Bewegungen der Frau,
die einen Teppich webt

bei Tagesdunkelheit

in einem Käfer,
der auf einem anderen Erdteil
ein Fensterglas überquert

in einem Ziel,
das plötzlich nicht mehr
oder plötzlich wieder existiert

auf einem Rangierbahnhof.

Hatten sie keinen Halm?

Aus dem Ozean, du erinnerst dich
– das Licht sprang
von Welle zu Welle –
blickten die Gesichter derer,
die nach dem Schiffbruch
(hatten sie keinen Halm?)
ertrunken sind,
nicht zur Ruhe kommen.

Beim Spiel

Was immer er
für Gedanken hegte,
vor sich die dunklen
und hellen Felder –

wie immer er
die Steine bewegte:
er stellte sich
die Zwickmühle selber.

Begegnung

Er ist wortkarg, etwas verdrossen.
Unter Tieren und Pflanzen zu sein,
will er nicht mehr versäumen.
Nicht nur wir nehmen sie wahr,
sagt er, auch sie beobachten uns.
Es wird keinen Frieden geben,
wenn wir das nicht verstehen.
Er schweigt, macht sich fertig zum Gehen,
da erkenne ich ihn, Anaximander.

Scherbenhaufen

Plötzlich, wie noch nie,
siehst du hin.
Was hat da alles aufgehört,
sich zu bewegen,
ist zuschanden geworden.
Höhnisch und schroff.
Wie gut, daß der Abend
über die Schamotte kommt.
Du kannst nicht
zu lange hinsehen.

Auch das

Ratlosigkeit ist gut.
Verlieren ist gut.
Versäumnis ist gut.
Verkehrte Wege wählen ist gut.
Nicht weiter wissen ist gut.
Sich leer fühlen ist gut.
Auch das ist ein volles Leben.

Erstarrt

Bald Niemandsland?
Verhandlung nur zum Schein?
Profit, Besitzstand, Mode.
Die Welt, gebannt von
Unheil, ist erstarrt
und rüstet sich zu Tode.

Die Dichte beweglicher Körper

Zum Kuckuck

I

Mit seinem Mittagslicht
und seinen Spiegelungen

mit einem Haubentaucher,
der sein Bild darin findet

mit dem, was noch nicht geschehen,
aber schon anwesend ist

mit seinem Ufer
der See, der uns bemerkt hat –

unser Auge, das ihn aufnimmt,
welch eine Werkstatt.

II

Du erwähnst, daß du als Kind
Kastanienverkäuferin sein wolltest
in einem Wagen
auf dem Marktplatz.

Auch ein paar Stunden
hier zu sitzen mit Fragen,
mit Nähe und Wein
ist nicht ungeschehen zu machen

ist zum Bestandteil geworden
wer weiß wovon.
Was steht in dem Buch?
Glücklich zu sein

sei nicht mehr statthaft?
Wir kennen uns seit Jahren,
seit gestern,
gleichviel, zum Kuckuck

laß uns ohne Zögern
den Meteor einladen,
der, unbemerkt fast,
in der Tür erscheint.

III

Nach der Fahrt durch Täler
(Segelschiffe am Himmel), zu Anhöhen
mit Farn, Blaubeeren, Fingerhut,
erscheinendem Leben überall

sehe ich, einen Augenblick denkend
an die Wege des Geistes im Körper,
als wir einander zugewandt sind
im Zimmer des Gasthofs

– jetzt nicht verletzbar –
wie dein Gesicht sich öffnet
und dich rasch erfaßt
dieses Zittern, reifende Frucht.

IV

Freundin der Blumen,
der Kräuter, der Artischocken
mit ihrem violetten Schimmer,
ihrem Perlmutt-Glanz

der Auberginen, Zucchini,
der Paprika, rot und grün –
um sichtbar zu werden,
sucht dich der Tag

fließt in dir, wenn du
aufstehst, die Katze fütterst,
der Nachbarin zuwinkst
oder eine Ratatouille vorbereitest.

V

Die nächtlichen,
verschneiten Straßen,
durch die wir gehen

– die alten fünf Arme der Ill,
miteinander in Fühlung,
nicht weit –

werden zum Muster
eines Traums,
der unaufhörlich

etwas mitteilt,
in dem unaufhörlich
neue Gesichter sich bilden

jetzt das Gesicht
deines Gangs,
der mit sich übereinstimmt

ehe wir inmitten der anderen,
deren Herzschlag man überall hört,
unter einem der Dächer

die Augen schließen,
hinter denen sich
weitere Augen öffnen

hinter denen sich
– es ist so –
weitere Augen öffnen

und immer so fort.

VI

Was wir auch früher waren
– Kiesel, Flechten, Planeten –
jetzt sind wir eine Frau
und ein Mann, unterwegs
in Saarbrücken
oder im Trierer Museum,
in dem als Relief
aus römischer Zeit
ein Paar im Einspänner
über Land fährt.

VII

Ein Fest, dich wiederzusehen.
Zum Greifen fern ist das Tal,
durch das wir gehen
mit seinem Mohn,
reifenden Kirschen, dem Wind,
der zu einem Vogelschwarm wird.
Herzschlag folgt Herzschlag
selbst im stofflosen
Kern des Tags.
Ein Fest, dich wiederzusehen
und nachher ein Teil zu werden
der Dunkelheit, wahrzunehmen,
welche Lektion sie uns gibt.

VIII

Dein Mund innen –
Geflüster, Schauer, Jahre,
die darin eingefleischt sind.
Darin schwimmen
mit offenen Augen.
Ruf, der aus dem Morgen
kommt, aus dem Abend.
Reise, schöner als die
zum Amazonas.
Äußerste Schwäche,
nicht unterscheidbar
von Unverletzlichkeit.
Magma.
Aber auch Flug.

IX

Beim Erwachen merkte ich,
daß die Regnitz,
die wir mehrmals überquerten,
durch das Zimmer floß
und dein Spiegelbild mitbrachte.

Traumtiere

I

Sie tun alles in größter Eile. Oder vertun die Zeit. Beobachten das langsame Vergehen der Steine. Sie leben ohne Übersicht, obwohl sie die Übersicht besonders lieben. Sie glauben, ein Geheimnis für sich zu behalten, und geben alles preis. Um sich selbst zu verstehen, verlieren sie sich in einem anderen Gesicht, obwohl sie mißtrauisch geworden sind durch Fehlschläge. Sie spielen auf zwei Waagschalen, denen sie die Namen Himmel und Hölle gegeben haben. Sie scheinen frei und sind verstrickt. Wenn eines stirbt, staunen sie sehr über die Wirklichkeit, die von ihm gelebt wurde.

II

Eins wollte, weil es müde war, den Kopf gegen etwas lehnen. Aber bei dem Versuch wich alles vor ihm zurück, auch das, was auf den ersten Blick stabil zu sein schien, eine Stuhllehne, ein Baumstamm. Es versuchte es mit der Luft, den Blumen, aber damit hatte es verständlicherweise noch weniger Glück. Schließlich kam es auf die Idee, in den Büchern nachzusehen, den Worten zu vertrauen, die ihm wichtig geworden waren. Aber schon nach Augenblicken wollten auch sie wieder allein sein.

III

Ein anderes war lange Zeit unglücklich, wenn es Fehler machte, die ihm oft liebevoll zuwillen waren. Manchmal hatte es den Eindruck, ein großer Teil seines Lebens bestehe aus Fehlern, sei davon fadenscheinig geworden, zerfetzt. Bis es eines Tages verstand, daß für den Gesamtplan des Lebens die Fehler, die unter Umständen selbst zu handeln schienen, genau so wichtig sind wie die Nichtfehler, daß es zwischen beiden unter einem bestimmten Gesichtspunkt gar keinen Unterschied gibt. Abends beobachtete es, wie sich der Fuß des Mondes weiterschob, roch es die Pinien, die in einem anderen Land standen, gedieh ihm der Schlaf wunderbar.

IV

Ein drittes rief aus: wenn nur der Wille nicht so oft in sich gespalten wäre! Verschiedenes sagte es fast nebenbei: neuerdings widerspreche es sich unaufhörlich; seine Lebensstimmung werde manchmal durch einen einzigen Satz verändert, zum Beispiel sei es ihm so gegangen mit dem Satz, was nur lebe, könne auch nur sterben; auf einer Wanderung sei es ihm gelungen, einen breiten Fluß, den es bewundert habe, noch breiter werden zu lassen; die Erde sei viel eher heiß und kalt als rund. Aber diese Erbarmungslosigkeit, fügte es hinzu, Lüge und Betrug, Willfährigkeit, Zerstörung und ihre Schatten, heller Wahnsinn, dunkler Wahnsinn, Mummenschanz.

V

Traumtiere nehmen die Welt als unablässiges Schwanken wahr. Wenn sie die Sonne sehen, greifen sie nach ihr. Es ruhen in ihnen Wälder, Jahre. Um zuweilen Oberfläche und Tiefe nicht unterscheiden zu müssen, betrachten sie Diamanten. Will man sie ausfragen, etwa über ihre Natur, so machen sie sich auf die Socken, entfernen sich rasch. Dann wieder werden sie zu Statuen. Manchmal wachsen ihnen Flügel, allerdings immer spiegelbildlich (sie warten schon lange darauf, daß diese Regel einmal durchbrochen würde). Sie lieben Grenzverkehr. Sind sie mit einem Verhängnis im Bunde?

VI

Gelegentlich klagen sie darüber, daß man sie beraubt hat. Wer hat sie beraubt? Wer hat ein Interesse daran, ihnen etwas zu nehmen? Es gehört ihnen ja kaum etwas. Wer soll der Dieb oder die Diebin sein? Die Zeit ist die Diebin, antworten sie. Die Zeit hat uns das gestohlen, was wir einmal gedacht und empfunden haben. Natürlich haben wir den Verlust zuerst nicht hingenommen. Natürlich haben wir uns auf den Weg gemacht und versucht, es wiederzufinden, haben dabei Mühe und Scharfsinn aufgewandt. Umsonst. Es ist weg. Weg.

Die Dichte beweglicher Körper

I

Ehe man mit dem Ton
arbeitet, sagt der Töpfer,
läßt man ihn wintern,
weil er danach

bildsamer ist.
Er schaut uns an,
inmitten von Schalen,
Krügen, einem Sims

einem Wandbrunnen.
Ist sein Gesicht kindlich
oder das Licht,
das ihn blinzeln läßt?

II

Sonst ist sie schweigsam,
wächsern, sitzt im Bistrot
oder nimmt als liebste Droge
die Einsamkeit.

Heut spricht sie heftig,
abtrünnig fast ihrem Wesen,
in ihrer Leidenschaft schön,
als habe sie sich eben entdeckt.

Arglistig sind wir, sagt sie,
rachsüchtig und fanatisch,
verletzen ohne Bedenken,
was mit uns lebt, selbst den Wind

der die Sterne blank macht,
wir wähnen zu oft uns im Recht,
ohne zu merken, daß wir dann
oft schon verspielt haben.

III

Aus wievielen Sorten Wasser
bestehen die Menschen,
fragte der Freund aus Puerto Rico.
Seit Jahren im Land

Manhattan, 98. Straße,
spürt er dennoch Nähe
zu seiner Heimat.
Er verheimlicht sich nicht

wieviel in Gefahr ist,
will aber nicht mehr
zum Sklaven werden eines Unglücks.
Meistens begeistert er sich

für das Gewöhnliche,
sagt: wie unscheinbar
ist diese Muschel, schau doch,
und meint: wie wunderbar.

IV

Sie erfindet Sterne
und sieht sie fallen.

Ihre Wahrheit von heute,
meint sie, werde morgen
zur Lüge.

Mit Liebkosungen
will sie die Toten
wieder erwecken.

Manchmal sitzt sie
in ihrem Buch
wie eine Blattlaus.

V

Steigt ein, Sidney und Stella,
Christina, Olga, Elisabeth,
Stuart, David, Joe und Anita,
steigt ein in das kleine Boot

aus Worten, das einen Augenblick
noch einmal gleitet durch diesen
Winter und Frühling in Oberlin,
Ohio, tischebene Landschaft

südlich der großen Seen.
Steigt ein und laßt uns noch einmal
denken an unsere Erzählungen,
Schnee, Liebe, die Blüte des Dogwood

an Nachmittage unter Studenten,
an Cleveland, Milan und Huron.
Steigt ein mit eurem Wunsch zu reisen
zu den Gesteinen der Appalachen

den Mammut-Bäumen in Kalifornien
und eurer Sehnsucht danach,
es möge nicht länger
so vieles verstellt sein.

VI

Der Fluß mit seinem hellen,
grauen, strömenden Gedächtnis
wird zusehends kleiner
im Hintergrund des Bilds.

Kleiner werden die Häuser,
das Rapsfeld, Apfelbäume daneben,
alles nimmt ab, wird schwächer,
ist schwerer zu unterscheiden.

Wohin verschwinden die Linien,
fragte ruhig die sechsjährige
Tochter des Nachbarn,
die es heute zum erstenmal sah.

VII

Der Archivar schreibt
an der Geschichte der alten Stadt.
Er unterbricht seine Arbeit,
um zwei neugierigen Fremden
das Falkenbuch des Kaisers zu zeigen.
Als sie davongehen
auf das Wetterleuchten zu,
sieht er ihnen nach
und fragt sich,
was überraschender ist
als die Dichte
beweglicher Körper.

Noch bleibt fast alles zu tun

Verwöhnt

Die Tagung wie üblich.
Im Radio neue Berichte
über die Betrogenen,
die Hungernden,
die Erschossenen
und Erschlagenen.
Doch wir denken nach
über Kabelfernsehen.

Noch bleibt fast alles zu tun

Komm näher, Frieden, komm,
es darf nicht weitergehen
wie bisher, hinterhältig
halten sie dich von uns fern.

Komm näher, Frieden, komm.
Die toten Flüsse wollen dem Licht
wieder antworten mit ihrer Klarheit,
Delphine und Seehunde ohne Furcht atmen.

Komm näher, Frieden, komm,
damit wir die Rüstungen ablegen können
und ein Ende haben Erstarrung,
Elend, Unterdrückung, Gewalt.

Komm näher, Frieden, komm
mit Manna für alle, die hungern,
und Wärme für unsere Worte,
die zu Eis wurden.

Komm näher, Frieden, komm,
damit uns die Kraft bleibt, uns täglich
gegen die Mutlosigkeit zu entscheiden,
die Ausdauer nicht zu verraten.

Komm näher, Frieden, komm
mit einem anderen Leben, ohne Würger.
Auch wir sind auf dem Weg,
dürfen nicht nur auf dich warten.

Komm näher, Frieden, komm,
als Sehnsucht nach dir
nehmen wir dich wahr
auf unseren Reisen durch die Bangigkeit.

Komm näher, Frieden, komm,
die Erde braucht dich für ihre
neue gerechte Gestalt.
Noch bleibt fast alles zu tun.

Im Atelier des Malers

Was immer er anfängt,
was er aus Farben, Strichen, Lücken
entwirft: es werden am Ende
Menschen auf Brücken.

Ihr Leben steht bevor,
ist dann ein Widerschein,
ein Pakt, ein Ausgleich
und Gewesensein.

Alle

Alle die starben
– ihre Antworten
auf unsere Fragen
hören wir,
wenn wir achtsam genug sind –

alle die leben,
Untätige, Tätige

wirken, weben
am Muster der Welt.

Schatten

Schatten aus Irrweg,
Selbsttäuschung,
Fehlern

er ist da

er bleibt

er löst sich nicht auf

nimm ihn an,
nimm ihn endlich an.

Stattdessen

Was für eine Tat,
es zu nichts zu bringen.

Wie gut, stattdessen
das Meer zu erfinden
und zu sehen,
wie entschlossen es ist
zur Monotonie.

Kleine Feder

Die kleine Feder
zu unseren Füßen,
allem Stoffwechsel entzogen,
verhornte Zellen,
Stamm, Spule und Schaft,
Äste mit ihren Strahlen,
die sich zusammenschließen
zu diesem blassen Gelb,
das der Windstoß
eben weiterträgt –
auch sie ist ein Dank,
wie der Herzschlag des Kleibers,
der sie verlor.

Erinnerung bei einem Glockenton

Welch ein Geschenk,
ganz wach zu sein
und – von der Höhe – zu merken,
wie Nähe und Ferne
zusammenkommen ohne Sträuben.

Du nimmst die Sympathie wahr
zwischen dem Arno
und den Türmen
und Kuppeln der Stadt,
zwischen den Worten.

Im Museum die Bilder
beginnen sich zu bewegen,
wenn die Besucher fort sind.
Häuser sind wißbegierig
auch nach Jahrhunderten.

Klein der Orangenbaum.
Auf dem Rückweg, Minuten später,
sehn wir ihn wieder.
Jetzt ist er schon
groß geworden, sagst du.

Auch das Auge
– wo ist es, wenn es
etwas sieht –
wurde gegossen,
ist eine getriebene Arbeit.

Halbwahrheiten

Werde ich immer ein Lügner bleiben,
behaupten, es sei Donnerstag,
wenn es erst Montag ist oder Dienstag

das Leben passe in eine Streichholzschachtel,
die man einige Tage in der Rocktasche trägt

ich bewege mich unablässig
und rühre mich nicht vom Fleck

kämpfe mit einem Drachen,
dem immer neue Köpfe nachwachsen

mitten in der Wüste
befinde man sich manchmal im Eismeer

ein Irrtum sei mir
aus unerfindlichen Gründen
lieber als vieles andere

Steine atmeten, lachten, flögen –

werde ich weiter
lauter Halbwahrheiten sagen?

Eine der ungezählten Sprachen

Die Lupinen am Wegrand
sprechen

sprechen
eine der ungezählten Sprachen
neben der unseren

sprechen
durch Weiß oder Blau,
in quirligen Trauben
stehende Blüten,
gefingerte Blätter

sprechen
deutlich.

Warum

Was bis zum Horizont reicht
grau und bewegt
blau und bewegt
warum nimmt es den Namen Meer
einfach hin?

Was sich daraus erhebt
grau und erstarrt
blau und erstarrt
– wir nennen es Insel –
warum läßt es das zu?

Was sich jetzt nähert
grau und bewegt
blau und bewegt
warum ist es voller Geduld
wenn wir sagen: der Abend?

Türen um Türen

Die Wolken sind Donnerköpfe,
sagst du, als das Konzert
in dem alten Hof beginnt,
in dem zwei Platanen

Erde und Himmel verbinden.
Dann fallen die ersten Tropfen,
Schirme blühen auf.
In der Pause, als der Regen

sich verdichtet zu Gardinen,
gehen wir in den Saal,
wo Strawinsky Türen
um Türen öffnet.

Alchemie

Lebhafter Glanz von Metallen.
Ihre Verwandlung durch die Adepten
mit Hilfe des Steines der Weisen
im alchemistischen Bad
diente, sagt man, uns allen.
Quecksilber, Kadmium, Blei
verwandelt? Doch scheint es,
daß wir mehr Verwandlung suchen
als Verwandlung von Metallen.

Deine Bemerkung

An diesem Nachmittag
machen wir uns auf
nach Nancy
und sind doch schon

seit einer Woche dort.
Der Oktober legt
leuchtende Blätter
auf die Straßen

die wenig später dunkeln.
Sichtbar werdende Sterne,
sagst du, sind die Fenster
der Häuser von Toten.

Doppelleben

Ferne Nähe
Nähe Ferne

Ewigkeit Augenblick
Augenblick Ewigkeit

Tod Leben
Leben Tod

Doppelleben
der Worte

GER

UARIAT

F 32443

Postscheckkonto
Köln 321 79-501

Girokonto 26872
Stadtsparkasse Aachen

Bankkonto 2074497
Dresdner Bank A. G.
Aachen

- SEIT 100 JAHREN -

Aachen, den 16.2.84

46.–

M. JACOBI'S NACHFO

LANDKARTEN BUCHHANDLUNG ANTI

51 AACHEN, BÜCHEL 12 · POSTFACH 645 ·

Lieferschein für Herrn Perra

a Cto Guthaben.

1 Rilke-Albu

Giuseppe Santomaso

Die Morgendämmerung und die Werft,
der Hafen mit seinen Schiffen –
sie werden geboren,
wenn er sie anschaut.

Ein für allemal
sind sie im Bild.
Auch die schwebende Zeit,
die er gemalt hat

die Wand der Eidechsen
und die der Erinnerung,
an Palladio die Briefe.
Auch in ihnen

wird das Schweigen,
Angst und Vertrauen,
wird die Ausdauer eines Lebens
in Farben lesbar.

Echo

Wo bist du,
schöner Augenblick,
zu rasch vergangen,
wo bist du?

Kehrst du nicht wieder,
schöner Augenblick,
so klar geblieben,
kehrst du nicht wieder?

Ist er nicht aufgehoben,
der schöne Augenblick,
vergangen, klar,
ist er nicht aufgehoben?

Kein Widerspruch

Wir reisen von einem
Ende der Welt zum andern,
sehen das kritische Licht
einer afrikanischen Wüste

oder die nördlichen Nächte,
in denen die Sonne
fast immer auf Urlaub ist,
den Indischen Ozean

der die vorüberfahrenden Schiffe
mit großer Ruhe betrachtet,
oder die Bibliothek von Babel
in Buenos Aires

und leben dabei in Baden
oder in Hamburg,
in Straßen, mit Nachbarn,
die uns seit langem vertraut sind.

Aber erst jetzt

Als wir vorbeikamen,
ruhten die Schafe
im Schatten der Mauer.

Bei der Rückkehr,
eine halbe Stunde danach,
waren sie weg.

Aber erst jetzt
sahen wir sie.

Spiegelung

Die Mutter, die Rettung erbittet
für ihren Sohn

der endlich Geheilte,
der seine Krücke weggibt –

sardische Bronzen,
fast ein Getümmel.

Dein Gesicht,
das sich über sie beugt

das auftaucht
im Glas der Vitrine

die die Spiegelung weiterträgt
in diese Worte.

Wo die Straße beginnt und mündet

Die Straße beginnt in Cagliari
und mündet in uns.

Nachbilder überall.

Sie bleiben nichts schuldig,
wenn man sie anschaut.

Die Glut,
die die Fensterläden schließt.

Meersüchtig die Körper.

Auf dem Haus der Schnecke
die Zeichnung:
verwandelte Melodie.

Altes Volk der Nuraghen.

Der Stalagmit,
der zu sprechen beginnt
von Millionen von Jahren,
in denen er wuchs,
weil der Wassertropfen
auf immer dieselbe Stelle fiel.

Der Wind,
der den Felsen
seine Mitteilungen macht.

Der Mittag fragt:
warum unterscheiden sich
Wurzel und Krone,
Feder und Schnabel,
warum hat alles eine eigene Form?

Was für ein Angebot

Das Meer,
ohne Schwere,
unteilbar,
bringt seine Muscheln
ans Ufer,
nimmt sie zurück –

was für ein Angebot
für unsere Augen
teilzunehmen.

Denk an ein Boot

Denk an ein Boot,
um hinüberzukommen
ans andere Ufer

denk an die Ruder,
die sich bewegen
in ihren Angeln

denk an die Fahrt,
an den Wind
der Verwandlung

denk an das Boot,
bis es vor dir liegt
und dich erwartet.

Er begann eine Rede an seine Bücher

Ich sollte, wollte etwas über Benn schreiben. Fand keinen Anfang. Ging herum. Nach einigen Tagen träumte ich von ihm. Er begann eine Rede an seine Bücher, sprach von summenden Rätseln. Die Sprache nannte er das Licht der Dinge. Man merkte, daß er gewohnt war zu schweigen. Er schob seinen Tisch näher zum Fenster und begann wieder zu arbeiten. Nachher sagte er noch: Diese Angst, wenn sich die Starrheit löst.

Aus Wörtern

Der Tisch ist aus Wörtern,
der Bogen Papier
und der Stift,
mit dem ich schreibe.

Aus Wörtern die Lampe,
das Licht, das sie gibt,
das Fenster, dahinter die Nacht.

Aus Wörtern.

Nein, das ist falsch. Es ist richtig.
Es ist richtig. Es ist falsch.

Jetzt gerät auch das noch
durcheinander.

Was ist es anderes

Was ist es anderes, was
– durch die Triebkraft des Herzens –
sich in uns bildet
und sichtbar wird,
in der Aorta,
in Arterien, Kapillaren und Venen
kreist und sich mitteilt,
als eine Schrift.

Werkzeuge der Freiheit

Bewegliche Lettern, Nachbildungen zuerst
der von Schreibern verwendeten Zeichen

Stempel aus Stahl, eingeschlagen
in Kupfer: Matrizen

Metall, flüssig, Legierung aus Blei,
Zinn, Antimon, Wismut

der Setzkasten, zweihundertneunzig
Buchstaben-Formen

Papier, Pergament,
Druckfarbe aus Firnisöl und aus Ruß

die Presse aus Holz,
einer alten Weinpresse ähnelnd

die frischen Bogen
zum Trocknen an einer Schnur

die Bücher,
die Bibliotheken –

Werkzeuge der Freiheit

der Unfreiheit?

Inhalt

Damit unsere Besserwisserei aufhört

Die Dichte beweglicher Körper

Noch bleibt fast alles zu tun

Walter Helmut Fritz

Gesammelte Gedichte

302 Seiten, Lin.

Es ist nicht leicht zu sagen, worin das Geheimnis dieser Frische und Lebendigkeit liegt. Wer in diesen dreihundert Seiten Lyrik liest, bemerkt immer erneut, daß Walter Helmut Fritz zustandebringt, was alle wirkliche Poesie auszeichnet: nämlich die Fähigkeit, sich dem klassifizierenden sekundären Sprechen zu entziehen. Das geschieht nicht durch eine besondere Verschlüsselung oder Komplexität des Gedichts, sondern durch seine zarte Empirie, durch die besondere Art des Aussparens, Andeutens und Verschweigens.

Harald Hartung in *Neue Rundschau*